KUŞLARLA DÖNÜYORUM

I RETURN WITH THE BIRDS

Celal Kabadayı

EDITION vonROTH

Impressum:

Copyright © 2020: Edition vonRoth vonroth@online.de

- Alle Rechte, auch auszugsweise, für alle Medien und in jeder Form, vorbehalten -

Erschienen im Selbstverlag Edition vonRoth

Celal Kabadayı Rheda-Wiedenbrück kabadayi@online.de

Herstellung und Auslieferung: BoD-Books on Demand, Norderstedt

2. korrigierte Auflage

ISBN 9783374943360691

Inhalt

Yazar

Celal Kabadayı 1966'da Ankara'da doğdu. ODTÜ Maden Mühendisliği mezunu ama o 1992'de İngilizce Öğretmeni oldu. 1997 yılında şiirlerinden dolayı meslekten atıldı. Yapılan itiraz sonucu mesleğe döndü ve 2002 yılında yeniden başladı. Türkiye'de 6 şiir kitabı yayınladı ve farklı dillerden 7 kitap çevirdi. Sosyal medyada yazdığı hir yazıdan dolayı yargılanırken 2018 yılı Şubat ayında Almanyaya iltica etti. Hala oturum bekliyor. 2019 'da burada ilk şiir kitabı "Okumayacak Olana Şiirler" yayınlandı. Elinizdeki bu kitap şairin Almanyada yayınlanan ikinci kitabıdır.

The Author

Celal Kabadayı was born in Ankara in 1966. He graduated from METU Mining Engineering but he became an English Teacher in 1992. He was dismissed in 1997 because of his poems. As a result of the objection made, he returned to the profession and started again in 2002. He published 6 books of poetry and translated 7 books from several languages. While he was on trial for a post he wrote on social media, he took refuge in Germany in February 2018. Still waiting for the session. In 2019, his first poetry book "Okumayacak Olana Şiirler" was published here. This book is the second book of the poet published in Germany.

Prologue

Türkiye'de emekli olup deniz kıyısında çok güzel bir yere yerleşmeme çok az bir süre kalmıştı. Ama ülkedeki gelişmeler beni bir mülteci olarak Almanya'da ormanların, tarlaların içinde yaşamaya sürükledi. Bisikletimle bu yeşillikleri gezerken kendime çok güzel köşeler, ağaç altları ve su kenarları buldum. Yanımda götürdüğüm guzel Alman biralarıyla oralarda saatler geçirdim ve anıdan anıya, duygudan duyguya dalarak bu şiirleri yazdım. Bu şiirleri Almanya'nın güzel doğasına ve bana verdiği özgürlüğe borçluyum.

I was nearly going to retire and settle on a very nice place on seaside in Turkey. But the developments in the country have led me to live in the forests and fields in Germany as a refugee. While touring these green spaces with my bike, I found myself very beautiful corners, under trees and water edges. I spent hours there with the beautiful German beers that I took with me and wrote these poems from memory to memory, from emotion to emotion. I owe these poems to the beautiful nature of Germany and the freedom it gave me.

KİMLİK

Bu öteberi bu eski kitaplar

İstemez sizin olsun kimliğim

Çeki düzen vermeyeceğim kendime

Ormanda işe yaramaz kişiliğim

Kim bilir ne farklıdır dünya

Kedilerin kocaman gözleriyle

Yağmuru dinleyelim radyoyu kapat

Üzülmeyelim cinayet haberleriyle

Dağlara gideceğim soluk almaya

Yeşeren otların sevincini duymaya

Adımı değiştireceğim soyadımı da

Tanımıyorum bile dedemin dedesini

Adım Aylak soyadım Gezgin

Ülkem sahipsiz bir ada olsun

Milliyet, din, bayrak sizde kalsın

Hayvanların dünyası yeter bana

IDENTITY

These strange things, these old books

Let my identity be yours, i don't need it

I will not tidy myself up this time

My identity is of no use in the forest

Who knows how the world seems

To the enormous eyes of cats

Let's listen to the rain, turn off the radio

Don't worry us with the murder news

I will go to mountains to take breath

To hear the joy of growing grass

I will change my name, and surname too

I don't know even the grandpa of my grandpa

My name is Idle my surname is Tripper

Let my country be an empty island

Nationality, religion, flag may be yours

The world of animals is enough for me

SENİNLE YAĞMURDA

Seninle yağmurda hiç ıslanmadık biz

Belki de en büyük acısı buydu aşkın

Duygularımız vardı ama zaman dardı

Sanki bir şeyler eksik bir şeyler yarımdı

Yolculuk yapmadık seninle yağmurda

Camından dışarı bakmadık bir hayatın

Göz göze verip dalamadık hayallere

Gözlerimizle sevmiştik oysa birbirimizi

Yağmurda öpüşmedik hiç seninle

Dudaklarımız istekliyken öylesine

Sayısız yıllar, nice yağmurlar geçti

Anıları gömdük unutuşun vadisine

Ne yaşadık biz yağmurda seninle

Yüreğimiz böyle susamışken aşka

Niçin ıssız, kurak çöllere düştük

Biz seninle neden ölmedik yağmurda

IN THE RAIN WITH YOU

We never got wet in the rain with you

Perhaps this was the biggest pain of love

We had feelings but the time was scarce

Someting was missing, something was uncomplete

We never travelled in the rain with you

We didn't look out of the window of a life

We couldn't get into dreams eye to eye

Though we loved each other with eyes

We never kissed each other in the rain

While our lips were full of desire

Many years, countless rains have passed

We buried the memories in a valley of oblivion

What did we live in the rain with you?

While our hearts were so thirsty for love

Why did we go to lonely, arid deserts?

Why didn't we die in the rain with you?

ÜLKEN İÇİN BİR ŞEY YAP

Özgürlük davan olsun, sıkıca sarıl

Tek de kalsan sakınma sakın sözünü

Durma artık kenarda, kavgaya katıl

Umudun düşmanlarına göster gününü

Mahkemelere düş, davanı savun

Cesur ol, ağzına geleni savur

Ülken için bir şey yap

Kapısını çal senden çalınan komşunun

Asi ruhundan bir parçayı da ona aşıla

Zeka kıvılcımı parlasın gözlerinde onun

Yitirdiği insanlığı seninle yeniden bulsun

Bırak dinsiz desinler sana, aldırma

Kafaları alana kadar anlat, durma

Ülken için bir şey yap

DO SOMETHING FOR YOUR COUNTRY

Let freedom be your goal, hold it firm

Don't mince your words even you are alone

Don't stay aside any more, take part in the fight

Show your power to the enemies of hope

Appear in courts, defend your rights

Be brave, say what comes to your mind

Do something for your country

Visit your neighbor who is separated from you

Inject him with a bit of your rebellious soul

Let a spark of intellect shine in his eyes

Let him find the lost humanity with you again

Let the others say infidel to you, never mind

Explain them until they understand, never stop

Do something for your country

Palavra bütün sözleri, masalları yalan

Yaşama döndür zehirledikleri halkı

Çocukları kurtar tecavüzcü yurtlardan

Kadınları kışkırt, çıksınlar kul olmaktan

Şiir yaz, türkü yak, dergi çıkar, dernek kur

Kötülüklerini, pisliklerini yüzlerine haykır

Ülken için bir şey yap

Sen yüz verdikçe karışırlar yaşamına

Boyun eğme onların sapık inancına

Bira iç, sokakta öpüş, arkadaşına sarıl

Sana doğal gelen her şeyi yap inadına

Boş ver, kulak asma yobazların dinine

Gidecek olsan da cehennemin dibine

Ülken için bir şey yap

All their words are gossip, their fables are lie

Bring back to life the people they gifted

Save children from the rapist foundations

Provoke women to reject to be slaves

Write poems, compose songs, publish journals

Shout their badness, inferiority to their faces

Do something for your country

If you let them, they involve in your life

Don't give way to their perverted belief

Drink bier, kiss in streets, hug your friends

Do everything natural to you against them

Let them go, don't listen religious fanatics

Even if you go to the bottom of the hell

Do something for your country

AKŞAMCI

Bir gece gelip bir sabah gittin
Geceyi gündüzü yaşanmaz ettin
Alışkanlık oldu bende alacakaranlık
O günden beri akşamcıyım ben

Gündoğumuyla başlıyor sensizlik
Apaçık yalnızlık doluyor odama
Günbatımını özlüyorum kalkarken
Tutkunu oldum, akşamcıyım ben

Uykusuz geceleri unutmaya ayırdım
Gündüzleri zaten ağır yaralıyım
Saatimi ona göre ayarladım
İlaç vakti bu, akşamcıyım ben

Dünya çok hızlı güneşin çevresinde
O döndükçe zorlaşıyor yaşamak
Sol elimde sigara öbüründe bardak
Sen gittiğinden beri akşamcıyım ben

AN EVENING DRINKER

You came at a night and went in a morning

You made the nights and mornings unbearable

Twilight has been a habit ot mine

Since that day I am an evening drinker

Sunrise starts with being without you

Loneliness fills my room, it is very clear

When I get up, I long for the sunset

I'm addicted to it, I am an evening drinker

I kept sleepless nights for forgetting

During the day I am always seriously injured

I set my alarm clock according to that

This is medicine time, I am an evening drinker

The Earth is very fast around the Sun

As long as it turns, life is getting harder

A cigarette in left, a glass in right hand

I am an evening drinker since you went

SİZE ŞİİR YOK

Ne kasalarınız doldu ne karnınız doydu
Kiminiz saray yaptı kiminiz halkı soydu
Yoksulları kurban ettiniz kurda kuşa
Ormanları siz yaktırdınız karda kışta
Size şiir yok !

Hayvanlara acımadınız çocuklara kıydınız
Sahipsiz gördüğünüze tecavüze kalktınız
Öldürdünüz size köle olmayan kadınları
Söndürdünüz yaşanası aydınlık yarınları
Size şiir yok !

Çok sevdiniz vatan, millet, din diyenleri
Baş tacı ettiniz en iyi yalan söyleyenleri
Yan baktınız öz kardeşinizin bile eşine
El koydunuz el alemin servetine, işine
Şiir yok size!

Çamur attınız suçunuzu bilen herkese
Şairi tutsak ettiniz, getiremediniz dize
Ne basit sözler ben de yazarım dediniz
Ama asla kuramadınız iki anlamlı dize
Şiir yok size!

NO POEMS FOR YOU

Neither your cases nor your stomach is full
Some of you built palaces, some robbed the people
You sacrificed the arms for wolves for eagles
You had the forests burnt in snow in winter
No poems for you!

You didn't pity for animals, you killed the children
You tried to rape those who you saw weak
You killed the women who didn't become your slave
You extinguished the alive, bright tomorrows
No poems for you!

You loved a lot those who say "nation, religion"
You put on your heads those who tell lies well
You gave dirty looks even to wives of your brothers
You confiscated the others' property and jobs
No poems for you!

You accused everybody who knows your guilt
You imprisoned the poet, but couldn't silence him
"What simple words, I can also write" you said
But you couldn't make two meaningful lines
No poems for you!

AĞLARSINIZ SİZ

Ben şimdi size bir şiir yazsam
Kendi anılarınız sanırsınız siz
Acı desem gerisini söylemesem
Hüngür hüngür ağlarsınız siz

Sizin kalbiniz boş gözleriniz dolu
Ayrılık desem ayrıldığınızı bilmeden
Dalarsınız geçmişe pişmanlık dolu
Yanaklarınızdan inen yaşı silmeden

Herkesin söylemediği bir derdi
Bir de türküsü vardır hep ağladığı
Ben şimdi size o türküyü çalsam
Durduramam gözünüzdeki sağnağı

Ben size yalnızca özlem desem
Yarası kanar aşkın kabuk bağlayan
Durup dururken ağlarsınız siz
Sorsam kimdir sizi böyle yaralayan

YOU WILL CRY

If I, now, write a poem to you

You reckon they are your memories

If I tell, it is all pain without mentioning the rest

You'll cry your heart out

Your hearts are full but your eyes empty

If I mention the separation without knowing yours

You will dive to the past with full of resentments

Without weeping the tears dropping your cheeks

Everyone has a pain that can not be expressed

And also a ballad by which to cry out

If I, now, play the ballad for you

I can not stop the rainfall of your eyes

If I just mention the yearning to you

The crusted wound of the love bleeds

You will cry for nothing, when I ask

Who wounded you this way?

BÖLÜCÜ

Bölücü diyip durma bana
Ben senin neyini böldüm ?
Doğduğum yerde duruyordum
Sen geldin, sen vurdun, ben öldüm

Çocuğu vurdun, çobanı vurdun
Rahat bırakmadın toprağımızda
Bu dağlar bizim dağlarımız
Senin ne işin var dağlarımızda ?

Ne istiyorsun, niye geldin ?
Ben mi dedim, gel diye ?
Evimi yıktın, köyümü yaktın
Adımı çıkardın bölücüye

Silah sendeyse iyi, bendeyse kötü
Sen büyük kahramansın, ben öcü
Her şeyimi elimden aldın ulan !
Böldün yüreğimi, sensin bölücü !

SEPARATIST

Don't keep saying separatist to me

What part of you did I separate?

I was there where I was born

You came, you shot, I died

You shot the child, the shepherd

You didn't leave us in peace on our land

These mountains are our mountains

What are you doing on our mountains?

What do you want? Why did you come?

Did I call you, did I say to you "come"?

You destroyed my home, burned my village

And you said "separatist" to me

If you have guns, good. If I have, bad.

You are a great hero, I am the demon

You took my everything from me

You divided my heart. The separatist is you.

GÜZEL KADIN

Kimsenin malı değilsin sen
Senin kendin oluşun güzel
Çok belli farkın be güzel kadın
Senin dünyaya bakışın güzel

Benim değilsin sen benimlesin
Senin özgür oluşun güzel
Ne cesursun be güzel kadın
Senin onurlu duruşun güzel

Gitme artık başka bir yana
Senin bana gelişin güzel
Biraz daha kal be güzel kadın
Kanıma karışan gülüşün güzel

Boyun eğme dünya malına
Bana doğru eğilişin güzel
Kim ne bilecek be güzel kadın
Senin yüreğime değişin güzel

BEAUTIFUL WOMAN

You are not anybody's property

It is beautiful that you are yourself

It is very clear, your difference

It is beautiful, your looking to the world

You are not mine, you are with me

It is beautiful that you are free

What courageous you are, hey beautiful woman

It is beautiful, your honorable manner

Don't go elsewhere any more

It is beautiful your coming to me

Stay a little bit more, hey beautiful woman

It is beautiful, your smile mixing in my blood

Don't give way to the wealth of world

It is beautiful, your giving way to me

Who will know, hey beautiful woman

It is beautiful, your touching my heart

KURŞUN YAĞMURU

Kalbim yaralarını gizleyen bir deniz

Kaç acıyı gömdü sessizce bilseniz

Yağmurlar yağdı kurşun gibi üstüne

Hiçbir iz bırakmadılar ki göresiniz

Aşk gemileri geldi, çöplerini döktüler

Balıklarımı çaldı balıkçılar, kahrolsun

Kurşunlar döktürdüm kötü şansıma

Gelirse mutluluk, yarısı sizin olsun

Sabahları şen çocuklar gibi uyandım

Kıyısına vurdum hayatın dalga dalga

Kurşuna dizildim akşamüstü ufukta

Suçu bana atmışlar alacakaranlıkta

Ellerini yıkadılar, kirlettiler sularımı

Kan döken bu kötü adamlar kimdir

Keşke kurşun yağmuruna tutsalar beni

Belki öyle temizlenir üstümdeki kir

RAIN OF BULLETS

My heart is a sea that hides its wounds

How many grieves it buried silently, if you know

Rains have fallen on it like bullets

They left no traces that you can see

Love boats came and poured their rubbish

Fishermen stole my fish, damn them !

I went to fortunetellers for my bad luck

If happiness comes, half of it be yours

In mornings i woke up like merry children

I pounded on the shore of life like waves

I was shot by bullets at horizon at sunset

Enemies charged me with guilt at twilight

They washed their hands, polluted my waters

Who are these bad men who pour blood?

I wish they wash me with rain of bullets

Maybe so can be cleaned the dirt on me

ZAMAN

Bugün günlerden ne aylardan kaç
Yaktım takvimleri zamanı bilemiyorum
Duvarda saat durmuş, içimde hayat
Ne yapsam seni aklımdan silemiyorum

Kış oldu kuşlar da terk etti bu diyarı
Yüreğim gibi boş kaldı ağaç dalları
Unutmaya can atıyorum gittiğin o anı
Gücüm yetmiyor yok etmeye zamanı

Her köşede başka bir anı var senden
Ne pişirsem kokun geliyor mutfaktan
Düşlerim kabus, uykularım zindan
Korkuyorum sensizlik dolu bu yataktan

Mevsimleri tanıyorum, bu geçen nedir?
Ay mı, yıl mı, haberim yok zamandan
Her derdin ilacı zamanmış, doğru mu?
Soranlara ilacımı aldım diyorum yalandan

TIME

Which day is today, what is the date

I burnt the calenders, i don't know the time

The clock has stopped on the wall, the life in me

Whatever i do, i can't erase you from my mind

Winter came, birds also left this place

Branches of trees are empty like my heart

I am very keen to forget that moment you went

I am not strong enough to exterminate the time

There are memories from you at every corner

Whatever i cook, your odour comes from the kitchen

My dreams are nightmare, my sleeps are dungeon

I am afraid of this bed that is without you

I know the seasons, what is this that passing?

Month or year? I am unaware of time

They say the time is medicine for all, is it true?

I tell them that I took my medicine, but it is a lie

ASILSIZIM

Nerde akşam orda sabah evsizim

Patron kovdu çoktandır işsizim

Siz tanımazsınız beni kimsesizim

Isınmaya camiye giderim dinsizim

İhbar ettim kendimi ama asılsızım

Ve buna inanacak kadar akılsızım

Sevgilim beni terk etti aşksızım

Hem biraz yaralı hem de yalnızım

Bakmayın çok konuştuğuma sözsüzüm

Bir yere gider gibi yapsam da yönsüzüm

Gerçek yüzümü göremezsiniz yüzsüzüm

Öksüzüm desem de inanmayın iki gözüm

Malı mülkü dağıttım çulsuz pulsuzum

Borçlar çoğaldı neylersiniz yolsuzum

Düşün düşün dur geceleri uykusuzum

Şu kanapeyi açın da yatayım be kuzum

I AM GROUNDLESS

Here at night, there in the morning, i am homeless

The boss dismissed me,for a long time i am jobless

You don't know me, i am without anybody

I go to churches to warm up, i am without religion

I gave myself away but i am groundless

And i believe to this myself, i am mindless

My darling left me, i am without love

I am both wounded and all alone

I seem to talk a lot but i am without words

I pretend to go somewhere but i am without direction

You can't see my real face, i am without face

If i say i am an orphan, don't believe guys

I gave my possessions away, i am without anything

Debts increased a lot, but i am without money

I always think and think, at nights i am without sleep

Please open up this couch so that i can sleep my dear

KUŞLARLA DÖNÜYORUM

mutluluk ülkesinden göçe zorladın beni
hiçbir yere gidemedim sensiz
kuşlar göçtü üzerimden iklimler geçti
ben hep kanatsız kaldım hep sessiz

kuşların göç yollarını ezberledim
direngen bir çalışkanlığı umut edinen
amacı bahar olan özgürlüğü düşledim
bıktım acının kutuplarında yaşamaktan

işe yaramaz parça parça yüreğimi
kuşlara yedirdim, helal ettim
ışık doldurdum içime güneşi içtim
düşmeden yol almayı yaşamak bildim

kanat çırpmayı öğrendim, acıyı yendim
sürgün bitti yalnızlığa, yeniden gülüyorum
sana değil, yeni bir bahara
kuşlarla dönüyorum

I RETURN WITH THE BIRDS

You forced me to migrate from the land of happiness

I couldn't go anywhere without you

Birds migrated over me, seasons passed

I stayed always without wings, always silent

I memorized the migration ways of birds

That made a hope from a determined diligence

I longed for the freedom that aimed the Spring

I was fed up with living in the poles of sorrow

I got the birds to eat my heart, willingly

My useless, wrecked, destroyed heart....

I put light instead, I drank the Sun

I took the life for flying without falling

I learned to flap wings, i defeated the pain

Exile to loneliness is over, I smile again

Not to you, but to another Spring

I return with the birds...

SEN YAŞAMAK İSTEMEDİN

sen yaşamak istemedin biz yaşatmak

gözündeki yaşın nedenini sormadık

bir işkence gibi katlanırken yaşama

içini aydınlatacak bir ışık tutmadık

derin dertler içinde yapayalnızdın

mutlaka bir kurtarıcı gelir sandın

senin istediğin gibi değildi insanlar

keşke sevgiyi hayvanlarda arasaydın

bir ses verip el uzatmadık acılarına

yıkılmış özlemlerine umut olamadık

son kez yıkadılar seni, attın kirlerini

biz ne kadar yıkandıysak arınamadık

genç ömrünü çaldık senin yaşamından

bir ceza gibi eksilttin kendini aramızdan

vicdanımıza karanlık çöküyor her akşam

alacağın olsun yaralı yarınlarımızdan

YOU DIDN'T WANT TO LIVE

You didn't want to live, we didn't want to let live

We didn't ask the reasons of tears in your eyes

While you were suffering from life like a torture

We didn't give a light to enlighten your inside

You were all alone in your deep sorrows

You thought, certainly a saver would come

The people weren't just as you wanted

You had better to seek love by animals

We didn't give a voice, reach a hand to your pains

We couldn't be a hope for your destroyed yearnings

You were washed last time, you threw your dirts

We couldn't get cleaned although we were washed a lot

We stole your young life from your lifetime

You took yourself away from us as a punishment

Every evening falls darkness into our consciense

You may demand time from our wounded tomorrows

SİLİK ADAM

Yaşadığı yok adamın
Yalnızca hayal ediyor
Ölmüş de ağlayanı yok
Ölmekten korkuyor

Kendini akıllı sanıyor
Silik adamın biri
Bir şey bilse bari
Gerzekten de geri

Korkusundan ölüyor
Korkutanı öldürmüyor
Canını alanlardan
Ekmek dileniyor

Bu kıldan adam olmaz
Bununla yola çıkılmaz
Daha kendine hayrı yok
Buna dükkan bırakılmaz

AN INCONSPICUOUS MAN

The man doesn't live

He only dreams living

He is dead but

He is afraid of dying

He thinks he is clever

He is an inconspicuous man

If only he knew something

He is worse than imbecilic

He is dying of fear

But he doesn't kill it

He begs for bread

From those who kill him

This morose can't be a man

With him one can't set off

He makes no good even for himself

One can't rely on him on bad days

SEVMİŞTİM SENİ

Sen düşünce ben incinirdim
Sen üzülünce ben ağlardım
Sen gidince ben ne yaparım
Sevmiştim seni, kalpsiz kadın

Gözlerinde aşkın ateşini gördüm
Gittiğim her yerden özlemle döndüm
Hiç düşünmezdim ayrılacağını benden
Sevmiştim seni, acımasız kadın

Sen bebeğimizi büyüten bebeğimdin
Üstün açık kalmışsa yüreğimle örterdim
Gece uyumaz yüzünü seyrederdim
Sevmiştim seni, ezberimdeki kadın

Ellerin üşümüşse soluğumu üflerdim
Ayakların soğuksa koynuma alırdım
Sen uykudayken saçlarını koklardım
Sevmiştim seni, tenimdeki kadın

I LOVED YOU

When you fell down, I would injure

When you felt sorry, I would cry

When you go, what would I do?

I loved you, heartless woman

I saw the fire of love in your eyes

I turned from everywhere with longing

I never thought you would leave me

I loved you, merciless woman

You were my baby who cares our baby

At night, I would cover you with my heart

I wouldn't sleep but watch your face

I loved you, memorized woman

I would blow my breath to your cold hands

I would take your cold feet into my bosom

I would smell your hair while you were asleep

I loved you, idealized woman

DİKTATÖRÜ GÖTÜRMECE

Gel seninle yakalamaca oynayalım

Sen ormana kaç biz kovalayalım

Baktın ağaçlar bitti uçuruma geldin

Hemen atla ki seni tutamayalım

Şuradaki dağlar ne güzel değil mi

Kartopu oynar karda yuvarlanırsın

Çok üşürsen yanardağ da buluruz

İçine girer iliklerine kadar ısınırsın

İlerde bir kulube var oraya gidelim

Çaydanlık bulursak çay demleyelim

Isıtıcı için elektrik var mı acaba

Elini şu prize sok da bir deneyelim

İstersen dipsiz göle gidip yüzelim

Çok tehlikeli diyorlar ama inanma

Sen cesursun dibine kadar inersin

Yukarı çıkamazsan telefon edersin

DECEIVING THE DICTATOR

Come on, let's play tag with you

Run to the forest, we shall chase you

When the trees over and you see cliff

Just jump so that we can't hold you

What beautiful mountains are over there

You can play snowball and roll in snow

If you're cold we find a volcano for you

You enter into it and warm up thoroughly

There is a hut forwards, let's go there

If we find a teapot, let's make tea

Is there electricity for boiling the water?

Put your finger into that socket, let's try

If you want, let's swim in bottomless lake

They say it's very dangerous, but don't believe

You are brave, you can dive to the bottom

If you can't come up, you can telephone

TEMBEL HAYVANIN HAYALİ

Örümceğin ağı var
Dağkeçisinin dağı var
Ben bir tembel hayvanım
Küçük bir hayalim var

Kirpinin okları gibi
Tavşanın kulakları gibi
Bakılacak yerim olsun
Atların bacakları gibi

Tazı gibi koşabilsem
Kartal gibi uçabilsem
Başka bir şey istemem
Arı gibi çalışabilsem

Bir ağaçta asılıyım
Herkesin kolay avıyım
Küçük bir hayalim var
Görünmez hayvan olayım

THE DREAM OF A SLOTH

The spider has a web

The chamois has a mountain

I am a poor sloth

I have a little dream

Like the spines of hedgehog

Like the ears of a rabbit

Let me have a part to be looked

Like the legs of a horse

If I can run like a dog

If I can fly like an eagle

I don't want anything else

If I can work like a bee

I am hanging on a tree

I am the easiest prey of all

I have a little dream

Let me be an invisible animal

KAZANACAĞIZ

Erkenden kalkan biziz
Çarkları döndüren biziz
Ezilen biz, emekçi biziz
Bu kavgayı kazanacağız

Korkumuzu yendiğimiz gün
Artık yeter dediğimiz gün
Kazanmak istediğimiz gün
Bu kavgayı kazanacağız

Dünü gömdüler bugün öldü
Yarınlarımızı geri alacağız
Özgürlük için savaşacağız
Bu kavgayı kazanacağız

Duvarlara slogan yazacağız
Sokakta bildiri dağıtacağız
Anlamayana anlatacağız
Bu kavgayı kazanacağız

WE WILL WIN

We are the ones who get up very early

We are the ones who turn the wheels

We are the humiliated and the insulted

We will win this fight

When we overcome our fear

When we say "enough now"

When we want to win

We will win this fight

They buried yesterday, today is dead

We will get back our tomorrows

We will fight for freedom

We will win this fight

We will write slogans on walls

We will distribute leaflets in streets

We will tell those who don't understand

We will win this fight

ÜZÜLECEK NE VAR?

Ne güzel yaşıyorsun içinde doğanın
Ormanların, tarlaların, yağmurun

Sevdiklerin arıyor, dostların geliyor
Kadeh kaldırabiliyorsun hala aşka
Yoldaşların sana tütün sarıyor
Üzülecek ne var?

İşini yitirmişsin, evini dağıtmışsın
Sorun değil, eşya her yerde bulunur

Bisiklete bin, kitaplarını oku, biranı iç
Bak ne güzel kadınlar var burda
Sen mi kurtaracaksın memleketi
Üzülecek ne var?

Kanserli hücreler ele geçirmiş ülkeyi
Sağlı sollu çürüyor her yeri

WHY DO YOU FEEL SORRY

What a chance, you live in nature

In forests, in fields, in rains

Your family calls, your friends come

You can still raise your glass to love

Your comrades make cigarettes for you

Why do you feel sorry?

You lost your job, you left your home

No matter, these things can be found

Ride your bike, read your books, drink beer

Look, what beautiful women are there

Do you think you can save the country?

Why do you feel sorry?

Cancerous cells have conquered the land

Every part of it decays, from right and left

Bünye zayıflamış, mikroplar çoğalıyor

Dalga dalga yayılıyor hastalık

Yine de kimse yanaşmıyorsa tedaviye

Üzülecek ne var?

Gidip yıkan yok karanlığın sarayını

Herkes boynunu eğmiş bekliyor

Katiller mutlu, hırsızlar mutlu

İşsizler mutlu, yoksullar mutlu

Niye gözlerin doluyor öyleyse

Üzülecek ne var?

Sana ne köleliği seçenlerden

Sen özgürce öleceksin

Üzülecek ne var?

Body is weak, microbes are increasing

Disease is spreading in big waves

But nobody wants to be treated

Why do you feel sorry?

Nobody goes and destroys the palace of darkness

Everybody surrendered and is just waiting

Killers are happy, burglars are happy

The unemployed happy, poors happy

Why do tears come to your eyes then?

Why do you feel sorry?

They chose slavery, none of your business

You will die freely

Why do you feel sorry?

MAHALLEMİZ

Yazsak roman olur en kalınından
Tek tek o unutulmaz kahramanları
Mahallemize renk katan o canları

Ağzımızda diş, başımızda saç
Kalmasa da genciz hala
Öyleyse şiir yakışır bu ruha
Roman yazacak zaman var daha

Ne çok insan tanıdık, ne çok sevdik
Anıları da adları da mıh gibi aklımızda

Adlar, adlar! Hangi birini anmalı
Yaşayanları ansak, ölüleri yaşatsak
Kim bilir? Belki daha da anlamlı

Kapı önünde oturur sokakta yaşardık
Baba derdik babasız büyüyenlere
Küçük yaşta büyük yük taşırlardı
Anneleri gibi şefkatliydi yürekleri

OUR QUARTER

If we write, it would be a thick novel

One by one, those unforgettable heroes

Who superadd colours to our quarter

We are still young, even if we have

No hair on head and no teeth in mouth

So poetry is good enough for this soul

There is much time until writing a novel

So many people we met, we liked

Their names and memories are in mind

Names, names! Which one should I say?

If we remember the living, let live the dead

Who knows? Maybe it is more meaningful

We would sit at the door, live in streets

We said "father" to those who grow fatherless

They carried very heavy loads at a young age

Their hearts were tender like their mothers

Her vatandaşın bir arkadaş grubu
Bir de sevdiği komşuları vardı
Aralarında sağlam bağlar kurardı

Aşka eğilimli dostlarımız vardı
Bunlar her mevsim birini severdi
Mevsimler geçer etkisi geçmezdi
Sevilen değişir seven değişmezdi

Hayatların kesiştiği bir kavşaktaydık
Başka mahalleden gelir geçerlerdi
Yağmur bize sulu şakalar yapardı
Alçaktaki evleri sel kılığında basardı

Teyze derdik, amca derdik herkese
Günaydın abiler, merhaba ablalar
Yollarını beklediğimiz tatlı kızlar
Yüzlerini, gülüşlerini unutmadığımız
Adlarını kalbimize yazdığımız canlar

Adlar, adlarınız...hangisini söylemeli
Yaşayanları ansak, ölüleri yaşatsak
Çok daha güzel olur, değil mi?

Every inhabitant had a group of friends

And some favourite neighbours

They correlated strong relations between them

We had friends addicted to love

They loved someone each season

Seasons passed but their influence not

The beloved changed but the lover not

We were at a crossroad where lives intersect

People from other quarters passed by

The rain made absurd jokes to us

It flooded the houses below street level

We said "uncle" and " aunt" to everybody

Good morning brothers, good morning sisters

The sweet girls whose ways we waited

The dears whose names we wrote in heart

Whose faces and smiling we never forgot

Names, names! Which one should I say?

If we remember the living, let live the dead

It will be much more beautiful, won't it?

DİNDAR GENÇLİK İSTİYORUM

Allah diyince coşacak

Şehit olmaya koşacak

Benim için savaşacak

Dindar gençlik istiyorum

Kulum olmaya can atacak

Beni kıblesi yapacak

Dindar gençlik istiyorum

Her kanalda beni dinleyecek

Başka bir şey bilmeyecek

Benim gibi düşünecek

Dindar gençlik istiyorum

Ezan,bayrak,din diye kuduracak

Karşı çıkanın kellesini alacak

Dindar gençlik istiyorum

I WANT A RELIGIOUS YOUTH

I want a religious youth

Who will gush when i say "God"

Who will run to be martyr

Who will fight for me

I want a religious youth

Who will be eager to be my slave

Who will make me their Mecca

I want a religious youth

Who will listen to me in every TV channel

Who will know nothing else

Who will think as i think

I want a religious youth

Who will go mad for religion and flag

Who will behead the antagonists

Türbanı özgürlük sanacak
Süslü yalanlarıma kanacak
Oyunu benim için kullanacak
Dindar gençlik istiyorum

İslam adına müslüman öldürecek
Kürtlere dünyayı dar edecek
Dindar gençlik istiyorum

Zevzeklerine bakanlık verilecek
Hırsızları ihaleyle ihya edilecek
Soytarıları sarayda beslenecek
Dindar gençlik istiyorum

I want a religious youth

Who will take the turban for freedom

Who will believe in my adorned lies

Who will vote for me

I want a religious youth

Who will kill muslims for Islam

Who will make the world hell for Kurds

The giddies of them will be given ministries

The burglars of them will be given bids

The fools of them will be fostered in palace

I want a religious youth

DİKTATÖRLER ÖLMELİ

Aragon'u bilmez, Brecht'i tanımaz

Nietzsche'yi, yani Niçe'yi hiçe sayar

Babamızı öldürtüp bizi piçe sayar

Diktatörler ölmeli

Komşuyu komşunun kanlısı eder

Ağacın dallarını köküne küstürür

Onurlu insanları intihara götürür

Diktatörler ölmeli

Karısına kılı kıpırdamaz

Dünyayı becermeye kalkar

Başımıza bir şey gelmeden

Diktatörler ölmeli

Öyle eceliyle falan değil, hemen

Bin odalı sarayında keyif yaparken

Bizler ölmeden, binler ölmeden

Diktatörler ölmeli

DICTATORS SHOULD DIE

He doesn't know Aragon and Brecht

He takes Nietsche for nothing

Kills our fathers and say bastard to us

Dictators should die

He makes a neighbor enemy to other

He makes a tree cross with its roots

He leads honourable people to suicide

Dictators should die

He doesn't touch his own wife

But tries to fuck the world

Before something happens to us

Dictators should die

Not with a normal end, immediately

While entertaining in his huge palace

Before we die, before thousands die

Dictators should die

KİBAR ÇOCUKLARDIK

en büyük eğlencemiz dalmaktı

yalnızca meyve ağaçlarına dalardık

ama çok kibar çocuklardık

yere düşenleri üfleyerek yerdik

deniz bir canavardı ona dalamazdık

akşama kadar bakar, duş alır dönerdik

çok tuhaf çocuklardık

kötü adamların köpekleri vardı

onları da köpekleri de sevmezdik

o yüzden biz sadakati değil

asaleti savunan kedileri sevdik

sonra anladık ki hayvanlar masum

sokak köpeklerinin bitlerini temizledik

çok vicdanlı çocuklardık

WE WERE POLITE CHILDREN

Our biggest amusement was to nick

We would steal only from fruit trees

But we were very polite children

We would eat the fruits fallen to ground, too

Sea was a monster, we couldn't enter

We would look until evening, then take a shower

We were very strange children

Bad men had dogs

We didn't like both them and dogs

That is why we liked the cats

That defended nobleness not fidelity

Then we understood the animals are innocent

We cleaned the lice of street dogs

We were very scrupulous children

kimseyi üzmek istemezdik

sevgilimizden ayrılırken bile

terk eden değil, hep terk edilendik

çok düşünceli çocuklardık

arkadaşımız bir kızı sevmişse

o kız bizi sevse bile bakmazdık

o kadar kişilikli çocuklardık

herkesin derdi başından aşkındı

ne öğrendiysek arkadaşlıktan öğrendik

dirençli ve güçlü çocuklardık

aşısız, aşksız yaşamayı da becerdik

We didn't want to worry anybody

Even when we separated from darling

We never left, always we were left

We were very thoughtful children

When our friends loved a girl

We didn't look at that girl, even she liked us

We were so full of character

Adult people had many problems

We learned everything from our friends

We were resistant and strong children

We survived without vaccination and love

SANA BORÇLUYUM

Saraylar yaptırmışsın kendine çalarak
Başka suçların da var söylemek yasak
Susturacağını sandın elimdekileri alarak
Yüzüme konan bu gülüşü sana borçluyum

Yatağına sığmayan asi ırmaklar gibi
Yataklarla sınırlanmayan düşlere aktım
Sevmek bütün dünyayı kucaklamakmış
Sevgiyi öğreten nefreti sana borçluyum

Hiç aklımda yokken yollara düşürdün
Korku düzenine tutsak düşüremedin beni
Her yanımda zincirler vardı, kırdım onları
Senin vermediğin özgürlüğü sana borçluyum

Sen zorbalaştıkça ben zora alıştım
Sana ezilmedim karşında eğilmedim
Seni yenecek gücü sen verdin bana
Bu korkusuz yüreği sana borçluyum

I OWE YOU

You have palaces built for yourself by stealing

You have other crimes too, but forbidden to tell

You thought you would silence me by grabbing what I have

I owe you the smile landed on my face

As a rebellious river not fitting into its course

I flowed into dreams not defined by the courses

To love is to embrace the whole world

I owe you the hate teaching me to love

You made me travel the paths out of my mind

You couldn't make me the slave of your fear system

There were chains all around me and I broke them all

I owe you the freedom that you didn't give me

I got used to hardship while you were becoming a tyrant

I didn't allow you to opress me neither I bowed you

You gave me the power to overcome you

I owe this brave heart to you

OH BE !

hiç gitmeyecek bir konuk gibi

gelip yüreğime yerleşen sancı

yatıya kalmadı, alıp başını gitti

gitti en sonunda gitti...Oh be!

ne soğuk bir kıştı gönlüm

çok üşüdüm hep üşüdüm

umudumu kesmiştim yeni bir bahardan

şimdi ısındım iliklerime kadar...Oh be!

iki kadeh rakı, iki şişe bira

en iyisi de dibini bulmak şarabın

neyi bozarsa bozsun, kimi bozarsa bozsun

beni düzeltiyor ya arkadaş...Oh be!

uzak kalınmış dostlukları

aradım da geldim, buldum da geldim

biraz konuşalım, biraz gülüşelim

insan olmayı özlemişiz gardaş...Oh be!

WHAT A RELIEF !

Like a visitor never leaving the premises

The pain came and settled into my heart

Didn't want to stay overnight and left

At last left, at last...What a relief!

My heart was such a cold winter

I felt cold, always felt cold

Almost lost the hope for a new spring

Now, I feel warm up to my bones...What a relief!

Two glasses of raki, two bottles of beer

The best is to find the bottom of the wine

Whatever it damages, whoever it damages

It corrects me, my friend...What a relief!

I looked for the distanced friendships

Looked for and came, found and came

Let's talk a bit, let's smile a bit together

We missed to be a human being...What a relief!

MAHKUM

yurdumun taşından toprağından yapılmış

bu dört duvar bile yabancı değil bana

senin dışarda öyle taş gibi susuşun var ya

inan bu duvarlar o kadar koymuyor insana

öncesiz ve sonrasız, akıl almaz evrende

daracık yerde, geçmeyen zamanda yaşıyorum

korkusundan zalime dönüşenlerin tutsağı

senin zalimleşen korkularının mahkumuyum

son hızla dönüyorsun yalanın yörüngesinde

kötülüğe hizmet eden paralı asker gibisin

neyi satın alacaksın ki daha değerli

onurunla yaşamadığın günlerin yerine

sonunu düşünmeden girmişim bu kavgaya

gücüm yeter mi yetmez mi bilemem

bende kalp yetmezliği var, o kadar

senin ise yüreğin yetmez bu işlere

PRISONER

They aren't even so foreign, these four walls

Made of the soil and stones of my motherland

You keep quiet like a stone outside

Believe me, these walls don't make such a pain

In an incredible, eternal and endless universe

I live in a very narrow place, in non-expiring time

I am the captive of those who became tyrants

And the prisoner of your tyrannizing fears

You turn around the lies with very high speed

You're like a mercenary who serves to evil

What can you buy more valuable

Than your days that you live without honour

I entered this fight without thinking its end

I don't know whether I can afford or not

I have a cardiac insufficiency, that is all

But your heart is insufficient for this fight

YALNIZLIK DERGAHLARI

Buğday başakları sallanır arkanda havalı
Karşında mısırlar boylarını uzatır fiyakalı

Kimsecikleri görmesen de olur buralarda
Ormandaki kuş sesleri yeter arkadaşlığa
Ama görürsün her şeyi, minik karıncayı da
Kendinden büyük bir böceği taşırken hızla

Sevimli bir arıcık konar serçe parmağına
İğnesini sokmaz sen ona dokunmazsan
Saşırtır seni ineklerle sineklerin savaşımı
İnek ve sinek, tuhaf bir ilişki, araştırılmalı

Ağaçlar dostundur, sırtını dayarsın
Geçen olmaz, geçse de rahatsız etmez
Otların arasında dolaşır tarla fareleri
Sen çağırmadıkça yanına kimse gelmez

DERVISH LODGE OF LONELINESS

Stylish ears of wheat are swinging behind you

The flashy corns are getting taller in front of you

It is all right that you don't see anyone here

The chirping of birds is enough for friendship

But you see everything, even a thiny ant as well

While carrying an insect bigger than itself

A sweetie bee lands on your little finger

Does not bite unless you touch it

The fight of flies with cows confuses you

Cow and fly, a strange relationship to be investigated

The trees are your friends to lean on

No one passes, even they pass, no matter

The red back mouse wandering in the grass

No one comes nearer unless you call them

Yalnızlık dergahlarına yalnızlık girmez

Rüzgar sana sarılır sen ona kapılırsın

Gölgeler seni kucaklar, sen serinlersin

İçki de serbest, sincaplarla içersin

İki kişi de sığabilir gerçi bu dergahlara

Düşlere dalmak tek kişilik bir iş olmasa

Loneliness doesn't come to dervish lodge of loneliness

The wind hugs you and you go along with it

The shadows embrace you and you feel cooler

Drinking alcohol is unrestricted, you drink with squirrels

In fact two people can fit into these lodges

Unless entering to the dreams is done alone

ALÇAK

Alçak bunlar alçak
Gerçeği gizlerler gözlerden
Süslü yalanlar söyler
Şöhret peşinde koşarlar

Aşk açmazlarında çırpınır
Bencil duygularını kutsarlar
Anlamsızlığı anlaşılsın ister
Sanatı sapıklığa kılıf ederler

Sevimsiz, çirkin ve kötüdürler
Yine de can atarlar sevilmeye
Yalandan bunalımlara girer
Halkın kavgasına katılmazlar

Yüksekten yüksekten konuşur
Güçlünün karşısında susarlar
Merhem olmazlar hiçbir yaraya
Alçak bunlar alçak

FINK

Finks these are, finks

They hide the reality from eyes

They tell very beautiful lies

They run after reputation

They flop in love dilemma

They bless their selfish feelings

Want their absurdity to be understood

Make their art a cover for perversion

They are unlovely, ugly and bad

But are very keen to be loved

They pretend to be in depression

They don't join the fight of public

They speak with high tones

But shut up against the mighty

They don't heal any wound

Finks these are, finks

MUTLU OLMAK

Mutlu olmak suçtur bazen
Keder içindekileri görmüşken
Vicdanını acımasızca susturmuş
Yüzünü başka yöne dönmüşken

Eğlenmek ayıptır bazen
Acıdan ağlayanları düşünürken
Yüzüne taktığın sahte gülüşü
Herkesin ortasında düşürürken

Huzur duymak utançtır bazen
Uykusunda bağıranları duymuşken
Kalkıp sormadan nedenini
Yeniden kahpece uyumuşken

Yaşamak gülünçtür bazen
Kimileri yok yere ölmüşken
Yaşadığını sansan ne olur
Sen de onlarla gömülmüşken

TO BE HAPPY

It is a guilt sometimes to be happy

If you had seen the people in sorrow

While you silenced your conscious

If you turned your face to other side

It is a shame sometimes to entertain

When you think of people crying of pain

When you fall the smile in your face

Amongst all the livings around

It is a disgrace sometimes to feel in peace

If you heard those who cry in sleeps

Without getting up and asking the reason

If you had slept again cowardly

It is ridiculous sometimes to live

While someones had died in vain

It is no use to think that you live

If you had been buried with them

KAMYONCUNUN AŞKI

Bitirimdi, gün bitmeden işini bitirirdi
Kamyoncuların kralı, yolların kurduydu

Yollar ona dayanmazdı, o da güzellere
Boylu posluydu, adı çapkına çıkmıştı
Toz duman içinde bir kadına rastladı

Gençti, güzeldi, göze hoş gelendi
Fazla tozutmayın demeye gelmiş
Yakışıklıyı görünce kendi tozutmuştu
Aklına düş, yanaklarına gülüş olmuştu

Hava sıcaktı, bir yudum su istedi çapkın
O da sunuverdi su gibi gönlünü
Köprüler kuruldu hemen ayak üstü
Fonda "ikinci bahar" şarkısı duyuldu

THE LOVE OF TRUCK DRIVER

Was the smashing guy, finished the job before the day finished

Was the king of the truck drivers, the wolf of the roads

The roads couldn't resist him and he couldn't resist to the beautiful ones

He was tall and handsome, his reputation was woman chaser

He met a woman while he was covered with dust and fume

She was young and beautiful, and looked pleasant

She was there to tell not to make much dust

She was going nuts as soon as seeing the handsome

The dreams settled in her mind and smiling to the face

It was hot, the woman chaser asked for a bit of water

She presented her water like heart

The bridges built while they were standing

"The second Spring" song was heard in the background

Bir zamanlar evli, şimdi bekarlardı
Çevreleri var, çevreye zararları yoktu
"aşkı ben mi yarattım" diyebilirlerdi

Görüşmeler sıklaşmış kamyoncu şıklaşmıştı
İki dirhem bir çekirdek süsleniyor
Beşinci viteste gidiyordu buluşmaya

Tozun, gürültünün içinde yeşermiş
Sudan bir bahaneyle başlamıştı aşkları
Kamyoncu ışığa bakmış, gözleri kamaşmıştı
Çapkınlığa son demiş, kararını vermişti

Kolay değildi mutlu olmak Türk filminde
Cemaatçi mezhepçiydi kadının ailesi
Kamyoncu ise sıkı devrimci ve aleviydi

They used to be married but single now

They had the neighborhood but not causing trouble

them at all

They could say "Have I created the love?"

Conversations became frequent, and the truck driver

more elegant

He was looking after himself neatly

He was going to see her with the fifth gear

Their love was emerging in dust and noise

And started by a nonsense reason

The truck driver looked at the light and his eyes dazzled

He promised to end woman chasing and made the

decision

It was not easy to have a happy ending in Turkish movies

The woman's family was adherent of a religious

community and sect

But the truck driver was revolutionary and atheist

Kural tanımadı, engellere takılmadı kamyoncu

"Kaderimse çekerim" dedi sevdiği kadın

"Ben çile değil kömür çekerim" dedi adam

Yuvaları birleşti, şimdi birlikte yuvarlanıyorlar

The driver didn't accept the rules neither the barriers

"I"ll bear it if it is my destiny" said the loved woman

"I carry not the pain but the coal" said the man

Their nests became one and they are getting along

well now.

SAHİBİNİ SEVMEYEN KÖPEK

Zevzek daha kendini gezdiremiyor

Tutmuş benimle gezmeye çıkıyor

Ben koşunca o koşmuyor

Ben durunca o durmuyor

Bazen de bisiklete biniyor davar

Lan hıyar bizde motor mu var

Hayvanız sonuçta ciğer taşıyoruz

Oturduğun yerde gitmek sana kolay

Durup dururken emir veriyor dangalak

Otur, kalk...otur, kalk...otur, kalk

Askerdeyiz sanki anasını satayım

Bırakmıyor ki biraz çimlerde yatayım

Kızınca da kafama vuruyor şerefsiz

Koparacam parmaklarını çöpe atacam

Karnımı doyurmasa suratına sıçtığım

Bir gün bile yanında durmayacağım

THE DOG THAT DOESN'T LIKE ITS OWNER

Silly man, he can't walk himself yet

But he dares to take me for a walk

When I run, he doesn't run

When I halt, he doesn't halt

And sometimes he rides on a bike

Hey, duffer! Do I carry a motor?

I' m just an animal, i have only lungs

It is easy for you, to sit and go

He commands without reason

Sit down-stand up, sit down-stand up

As if I am a soldier, damn it!

He doesn't let me lie on the grass

When he is angry, he hits my head. Scoundrel!

I will bite off his fingers and throw away

If he doesn't give me something to eat

I'll not stay beside him just a moment!

KÜÇÜK YUVALAR

Çok içten şiirler yazılabilir aşk için
Acısı derindir ayrılığın, kıskançlığın
Gönül yarasından ötesini görmez gözler
Bakışlar hüzün perdelerini aşamaz

Aşk bencil, aşıklar düşkündür
Kendi yanılgılarında yanıp kül olmaya
Unuturlar mutluluk içinde yaşamayı
Her kavgada umuda vururlar kazmayı

Kapatırlar kendilerini küçük yuvalarına
Kapılara çift kilit, balkonlara cam
Dört duvar arasında gergin bir yaşam
Yüzlerini asarlar gamzeli yanaklarına

Bir akıl veren yok mudur acaba
Küçük dünyalarında kaybolan insanlara
Bir çiçeğe, bir kelebeğe kıyamazlar da
Ne kadar kolay kıyarlar kendi yarınlarına

LITTLE HOMES

Very sincere poems can be written for love

The pain of separation and jealousy is deep

Eyes can't see beyond the heartbreak

Looks can't outreach the curtains of grief

Love is egoist, lovers are addicted

To burn to a cinder in their own errors

They forget to live in happiness

At each quarrel they beat the hope with an axe

They close themselves in little homes

Double lock to the doors, glasses to balconies

A strained life between four walls

They make grimace on their dimpled cheeks

Isn't there anybody who advises them

Who get lost in their little homes

They can't do harm to a flower, to a butterfly

But they do harm to their futures so easily

SICİLYA'DA YAŞAMAK İSTİYORUM

Almanca radyo dinliyorum

İngilizce konuşuyor

Türkçe düşünüyorum

İspanyol vatandaşı olmak

Sicilya'da yaşamak istiyorum

Üzülecek kadar Kürtçe biliyorum

Türkülerini gözü yaşlı dinliyorum

Yeter artık öldürmesinler Kürtleri

Özgürce yaşamalarını diliyorum

İtalyanca, Fransızca anlıyorum

Irkçıları, dincileri anlamıyorum

Bunlar getirecek dünyanın sonunu

Onların olmadığı bir ülke arıyorum

I WANT TO LIVE IN SICILY

I listen to the radio in German

I speak English

I think in Turkish

I want to live in Sicily

And to be a Spanish citizen

I know Kurdish enough to grieve

I listen to their songs with tears in eyes

Enough! Do not kill the Kurds any more

I wish they live freely

I understand Italian and French

I don't understand racists and fascists

These will bring the end of the world

I search a country where they don't live

Yok artık sevdiğim bir vatanım

Sevdiklerim Türkiye'de yaşıyor

Toprağı değil insanı özlüyorum

Ankara'da atıyor annemin kalbi

Dostların şerefine içiyorum köyde

Köylerin en güzeli Düssel-dorf'ta

Onları Granada'da gezdirmek

Napoli'ye götürmek istiyorum

Türklük sizin olsun ey faşistler

İspanyol vatandaşı olmak

Sicilya'da yaşamak istiyorum

I have no motherland any more

My dears live in Turkey

I long for them not the land

My mother's heart is beating in Ankara

I drink to honour of friends in village

In the loveliest of villages, in Dussel-dorf

I want to show them around Granada

And to take them to Naples

Let turkish nationality be yours hey fascists

I want to live in Sicily

And to be a Spanish citizen

DÜELLOYA DAVET

Bize şöyle böyle demiş
Onun bunun çocuğu
Yeter artık! Kan temizler!
Boğazda bekliyorum onu

Emrindeki polisleri bıraksın
Erkek gibi tek gelsin
İster kurşun atalım
İsterse kılıcını çeksin

Hep alttan mı alacağız
Sabır, sabır! Nereye kadar?
Ben vuruşacağım onurum için
Bakalım onda yürek mi var

Vurulan uzansın köprüye
Boylu boyunca, ne rahat
Şimdiye kadar boşuna sustuk
Zaten hep bizde kabahat!

INVITATION TO DUEL

He has said so and so for us

Son of unknown bodies

It is enough! He wants blood!

I wait him on the Bosphorus

Let him leave his policemen

May he come alone like a man

Either we shoot bullets

Or he brings his sword

Should we always climb down?

Patience, patience! Until when?

I will fight for my honour

Let' s see if he has a heart

One who is shot may lie on bridge

At full length, what comfortable

Until now we kept quiet in vain

Anyway, this is all our fault

BİRİNİ SEVSEYDİM, SENİ SEVERDİM

Varlığın varlığıma sevinç katıyor
Gülüşün ısıtıyor içimin odalarını
Umrumda değil kimi sevdiğin
Birini sevseydim, seni severdim

Beynim sana bakıyor
Gözlerim seni düşünüyor
İşte böyle aklım karışıyor
Birini sevseydim, seni severdim

Sorulacak hesabım, alınacak öcüm
Çok meşgul bir yüreğim var
İnce işlere pek yok zamanım
Birini sevseydim, seni severdim

Ben tembel ve yorgun bir gezgin
Senin benden hiç yok haberin
Başka bir yanlışını görmedim
Birini sevseydim, seni severdim

IF I LOVED SOMEONE I WOULD LOVE YOU

Your existence gives joy to my soul

Your smile heats up the rooms in me

No matter whom you love

If I loved someone, I would love you

My brain is looking at you !

My eyes are thinking of you !

Ah...! my mind is confusing so

If I loved someone, I would love you

I have an account, I have a revenge

I have a very busy heart

I have no time for delicate matters

If I loved someone, I would love you

I am a lazy and tired wanderer

But you are even not aware of me

And that is your only fault

If I loved someone, I would love you

YİRMİ BEŞ ADAM

iki iki, dört dört, sekiz sekiz

katlaya katlaya çoğalacaktık biz

yirmi beş adam gibi adam

bulamadım elli olup yola çıkmaya

tozu dumana katmaya

karanlığa ışık tutmaya

yirmi beş delikanlı adam

bulamadım kendini halkına adamaya

zalimin karşısında aslanca savaşan

yanık bir türküde çocukça ağlayan

yirmi beş korkusuz adam

bulamadım ülkesi için dövüşmeye

yiğit ve tutkulu yürekleriyle

her an hazır olacak kavgaya

TWENTY FIVE MEN

Two by two, four by four, eight by eight

We were going to multiply by doubling

Twenty five sound men

I couldn't find to be fifty

To rise clouds of dust

To enlighten the darkness

Twenty five courageous men

I couldn't find to dedicate temselves to folk

To fight as a lion against the tyrant

To cry like children at a sad ballad

Twenty five fearless men

I couldn't find to fight for his country

With their brave and passionate hearts

To be ready for the struggle

yirmi beş dürüst adam

bulamadım hayatın hesabını yapmaya

insanlığı temize çekmeye

onurlu günlerin defterini tutmaya

birkaç iyi adam buldum yine de

sağ olsunlar değiyorlar dost demeye

Twenty five honest men

I couldn't find to reckon the life

To write out a fair copy of humanity

To keep records of honorable days

Though, i found a few good men

They are worth to call them friends

HUZUR

ağrısız başım, yatmış maaşım
üç-beş kasa da bira almışım
çok şeye gerek yok mutluluk için
dine de gerek yok, dinde huzur yok

sözcükleri kısaltmalı, sözleri azaltmalı
yalnızlığa ağır gelen yükleri atmalı
bir su kıyısında, bir dağ eteğinde
nerede uykun gelirse orada yatmalı

uzun uzun susmalı uzaklara bakıp
gökyüzünün maviliğinde düşlere dalmalı
isterse insanlar öldüğünü düşünsünler
yaşadığını bir tek sen bilsen yeter

kabul görmek için zorlamadan kendini
bir şeylere sahip olmak için yormadan
sapsarı başakların arasında tek ve kıpkızıl
özgür açmış bir gelincik gibi yaşamalı

PEACE

I have no problem, my salary is at bank

I have bought a few boxes of beers

We don't need many things for happiness

Even the religion, no peace in religion

Words can be less, phrases can be shorter

One can throw the loads heavy for loneliness

Along a river, at the hillsides

One can sleep where he wants to sleep

By looking away one can keep quiet long

Can dive into dreams in blue sky

Even if people think that you are dead

It is enough that only you know you live

Without forcing yourself to be accepted

Without tiring yourself to have something

All alone and all red between the yellow wheats

One can live like a corn rose blossomed freely

KİMSE KİMSEYE GÖRE DEĞİL

Hafif şeylerin bile bir ağırlığı var
Suyu içen içine düşünce boğuluyor
Değişmez dediğin de değişiyor aniden
Yaşam kaynağın ölüm nedenin oluyor

Uçurtma uçurmanın coşkusunu bilmeyen
Ne anlar yellerden, tellerden, engellerden
İpteki gerilimden, kuyruktaki dengeden
Göklere yükselmenin getirdiği sevinçten

Vaz geçmiş geçmişinden geleceği gelecek
Terk etmiş bildiği yolu başka bir yol arıyor
Unutmuş ne uğrunda çaba harcadığını
Bugüne dek yürüdüklerini yola saymıyor

Yalnızlar mutlu oluyor birbirini bulunca
Mutsuzluk iki kişiyle hiç çekilmiyor
Kimse kimseye göre değil aslında
Her aşık kendi yalanını yaşıyor

NOBODY IS FOR NOBODY

Light things also have a weight

You drink water, but get drowned in it

What you called unchangeable suddenly changes

Your source of life becomes your dying reason

Those who don't know the passion of flying kites

How to know about winds, wires and fences

The tension in the rope and balance of the tail

About the joy of rising to the sky

Forwent her past, her future will come

Left the familiar way, looks for another

Has forgotten for what she struggled

She doesn't confirm the way she walked by now

Singles become happy when they find each other

Unhappiness is unbearable for two

Actually nobody is for nobody

Every lover lives his/her own lie...

AYRILIK

Gönül çaresiz bir sessizliğe bürünür
Anılar süzülür gözlerden damla damla
Ayrılırsa yollarımız ayrılır iki acıya
Biz ayrılmış olmayız seninle

Senin yüreğin kırık, benimki yok sanki
Bilsen nasıl parçalanıyor gururuna çarptıkça
Görüşemesek de aynı zamanda ve mekanda
Biz ayrılmış sayılmayız seninle

Üzgünüm üzdüysem seni, üzdüğümü bilmeden
Gülüşümü beğenmediysen gamzeler takayım yüzüme
Bu ayrılık rüzgarı bize göre değil
Biz ayrı kalamayız seninle

Unutma giden sensin, bekleyen ben
Senin yerini ancak sen doldurabilirsin
Benim de birazcık yerim varsa sende
Biz ayrı yaşayamayız seninle

SEPARATION

Heart is wrapped by a helpless silence

Memories come from eyes drop by drop

Our ways separate into two pains

It can't be said that we are separated

Your heart is broken, as if mine is not

How it breaks up when it hits to your proud

Even though we aren't in same place and time

We are not taken for being separated

I'm sorry if i saddened you without knowing

If you don't like my smiling, I can get dimples

This wind of separation isn't for us

We can't stay separated from each other

Don't forget, you are the one who went

Only you can fill in your place, I wait

If also I have a little place in you

We can't live separated from each other

UMUT

Adı henüz konulmamış beklentilerin yolu
İçi bir türlü dolmayan belirsiz bir boşluk
İnanırız gerçek olmadığını anlayana dek
Güvendiğimiz bir yalana benzer umut

Ağzımızdan düşmez, dile gelir durmadan
Neden söyleriz, onu bile bilmeyiz
Farkı yok gevezelik edip çene çalmaktan
Gece düşlenen sabah unutulandır umut

Mıknatısa tutulmuş gibi gider ayakların
Yüreğin sanki göğüs kafesinden çekilir
Varılacak yerin vardır, ulaşılacak amacın
Beklediğin değil, bekleyenindir umut

Neyse seni yaşama bağlayan nedenin
Ondan aldığın güçle direnirsin zamana
Gün ışığını bir kez daha görebilmek
Yarın da kahvaltı edebilmektir umut

HOPE

The way of expectations unnamed yet

An uncertain emptiness that is never filled

We believe it until we understand it is fake

It is like a lie that we have confidence in

It is always on the tip of the tongue

We don't know, why we do say

It is similar to gossip or chattering

Something dreamt at night, forgotten in morning

Your feet go as they are magnetised

As if your heart is drawn from your chest

You have somewhere to reach, a goal

The hope waits for you, not you wait

Whatever the reason is that combines you to life

You resist to time with the power of it

Hope is to see the daylight once more

And to be able to have breakfast tomorrow

BARDAKLAR

Bardaklar kırılıyor birer birer
Uğurluymuş insan üzülmüyor
Yer açılıyor yeni kadehlere
Kalanların değeri iyice artıyor

Onunla bunu içmiştik şundan
Bununla şunu içmiştik ondan
Şununla onu içmiştik bundan
O, bu, şu silindi gitti anılardan

Önemi yok artık değeri olmayanın
Süs gibi duruyorsa varsın durmasın
Esmiş, gürlemiş, tozu dumana katmış
Kalıcı olduğu görülmüş mü hiç rüzgarın

Varsın kırılsın camlar, canlar sağ olsun
Suyu içeriz yine eski bakır tastan
Her şeyin bir ömrü var, dayanmıyor
En iyisi yeniden başlamak en baştan

GLASSES

Glasses are breaking one by one

They say it is good luck, so no worry

Some place opens for new glasses

The unbroken ones become more valuable

We drank this with that glass

We drank that with this glass

We drank this and that with her

This, that, her...all have gone

Something unworthy has no importance

No need if it stands like an ornament

Shouted, roared and made a lot of dust

Has anybody seen that the wind stays?

Let the glasses be broken, no worry

We can drink water from old copper bowl

Everything has a lifetime, no problem

The best is to restart from the beginning

ORHAN BABA

İçindeki çocuk yaşatır onu
Gezdirir, sezdirir, eğlendirir
Bakmayın 65 yaşına yaklaştığına
Gençlerden daha gençtir Orhan Baba

Renk renk takımları göz alır
İçinde kin, üstünde kir tutmaz
Sözleri dinlenir, sevgiyi öğretir
Dört dörtlük öğretmendir Orhan Baba

Yaşamı gibi arabası da renklidir
Gelir kapısından alır dostlarını
Yolda kalmışları evlerine bırakır
İnsanlıkta bir numaradır Orhan Baba

Ailesine düşkün akrabasına bağlı
İki yüzlülerden hiç hoşlanmaz
Anası Kürt babası Kafkas
Halkların kardeşliğidir Orhan Baba

FATHER ORHAN

The child in him makes him live

Makes him walk, run and enjoy

He is nearly sixty five years old

But younger than youngs, Father Orhan

He wears very colourful suits

Has no dirt on them, has no hate in him

He is well listened, he teaches loving

He is a perfect teacher, Father Orhan

His life is as colourful as his car

He takes his friends from the door

He takes also those who walk a long way

He is number one in humanity, Father Orhan

Fond of his family, connected with relatives

He never likes two-faced people

His mother is Kurd his father is Caucasian

He is the brotherhood of folks, Father Orhan

SENİ DE UNUTTUM

Öpmeyi arzuladığım için severdim seni
Konuşmak için, gülmek için seçerdim
Yaşamak ne kadar ciddiyse, o kadar komikti
İçimden öpmek gelmiyor, seni de unuttum

Kırılmayacak kadar usta kalbim, yaram başka
Güzelsin güzel olmasına ama ne yapayım
Yoldaş olmayanla yürünmüyor aşka
Ben yalnızca sevmeyi değil, seni de unuttum

Titremiyor içimdeki kemanın kopuk telleri
Kulağım en güzel ezgilere bile tıkalı
Anladım ki en anlamlı ses dostluğun sesi
Senin büyülü sesini de, seni de unuttum

Boş bir levha olarak başladığın beynin
Doğduğundan beri değişmemiş, ne yazık
Öğrenmeden biliyorsun her şeyi, bravo
Ben bütün bildiklerimi de, seni de unuttum

I FORGOT YOU, TOO

I loved you because i desired to kiss you

To talk to and to laugh together with you

Life was so serious and so funny too.

I don't want to kiss, I forgot you, too.

My heart is not broken, my wound is else

Yes, you are beautiful but it is all

I can't go to love if you're not comrade

Not only loving, I forgot you, too.

The broken strings of the violin in me not vibrating

My ears are closed to even the best melodies

I understood that the most significant is friends' sound

I forgot your magical voice. I forgot you, too.

Your brain that started life as a tabula rasa

Never changed since your birth, what a pity!

You know everything without learning, bravo

All the things I know and I forgot you, too.

AYYAŞ

Meyhanesiz bir ayyaşım

Mekanım ayaküstü köprüaltı

Sokağım çok evim yok

Hay ben bin yaşayayım

Ay mı yaş ben mi ayyaşım

Bilmiyorum hangi yaştayım

Düşkünüm, çok seviyorum

Düşkünüm, düşmüş değilim

Borca girerim, kredi çekerim

Büyük kumarbazım riskliyim

Param yoksa hayatımı harcarım

Tozdan hoşlanmam sıvı içiciyim

Rakıya su katmam bana ne

İçiyorsam içerim sana ne

Sarhoşum diyorum, ne anlıyorsun

Başıboş değilim, aklım da başımda

DRUNKARD

I am a drunkard without pubs

My place is on foot, under bridge

I have many streets but no home

Hey ! Let me live long !

Who is alcoholic, the moon or I?

I don't know how old I am

I'm addicted, I love too much

I'm addicted but not lowered

I get debts, I get credits

I am a big gambler, I'm risky

If I have no money, I spend my life

I don't like powder, I like liquid

I don't pour water into the Raki

If I drink, it is none of your business

I say I'm drunk, what do you understand?

I'm not idle, I have mind in my head.

KABUS

Kirlettiler insanı, toprağı kuruttular
Ben böyle bozuk düzen görmedim
Bey eylediler bir zalimi başlarına
Bu kadar korkunç kabus görmedim

Beynimi kemirdiler kötürüm ettiler
Veba gibiydiler, ölümden beterdiler
Bitmeyen zulüm yedi bitirdi aklımı
Üç kuruşluk hayatımı da bitirdiler

Bir cellat kadar acımasızdılar
Kış ortasında sobasız bıraktılar
Acıyla karşılaştım her köşede
Yüreğim mutlulukla tanışamadı

Elimden aldılar ekmeğimi aşımı
Yokluğa sürüp açlıkla korkuttular
Karanlık içirdiler gözbebeklerime
Gözlerim aydınlığa kavuşamadı

NIGHTMARE

They dirtied the human, dried the soil

I've never seen such a wrong system

They have chosen a tyrant as a leader

I've never seen such an awful nightmare

They've gnawed my brain, made me crippled

They were like pest, worse than death

Endless tyranny has eaten my mind totally

They even finished my 3-cent life

They were cruel as much as a hangman

Left us without stove in the middle of winter

I experienced pain at every corner

My heart didn't meet with happiness

They have taken my bread off my hand

Frightened with hunger, driven to misery

They filled my pupils with darkness

My eyes couldn't reach at daylight

BAŞKADIR

Gönül hep gençtir farketmez yaşın
Hiçbir söz kar etmez akıllanmaz başın
Ne dostun tanıyabilir seni ne sırdaşın
Aşka bulaşanın bakışı başkadır.

Yüzünü özlersin dönse sana sırtını
Öbür yana baksa asarsın suratını
Niceleri yedi de uslanmadı tokatını
Aşkla tutuşanın yanışı başkadır.

Onun yokluğunda yok olur bir yanın
Litreyle çekilir damarlarından kanın
Zamanla daha da çok acır canın
Aşka alışanın ağlayışı başkadır.

Derdini dinlemekten bıkar arkadaşın
Yalnızsın bu yolda kalmaz yoldaşın
Merak etme mezar taşına yazar gardaşın
Aşktan ölenin yatışı başkadır.

IT IS DIFFERENT

The soul is always young no matter how old you are

No words make sense, you never act wisely

Neither your friend nor your confidant can recognize you

The looking of ones who get in love is different

You miss her face if she turns back

You make face if she looks to the other side

Many others get slapped but never settle down

The burning of ones who ignited by love is different

Your one side disappears in her absence

Your blood is withdrawn from your veins by litres

It hurts more and more as time passes

The crying of ones who are used to love is different

Your friend is tired of listening to your trouble

You are alone on this way, companions leave you

Don't worry! Your brother writes on your gravestone

The lying of ones who died from love is different

İÇKİ

Likör, şarap, votka, cin istemiyor
Rakıdan başka bir içki tanımıyor
Başak bol, arpa bol buralarda
Sarı siyah arasında ne biralar var

Söyleyecek sözü olanla içeceksin
Onlar bilir konuşmayı da susmayı da
Komaya girip hastanelik olmazlar
Dilleri dolaşıp hep başa sarmazlar

İçelim dostlar biz sevince içelim
Siz yine rakı söyleyin ben şarkı
Uzaktayız varsın çınlamasın kadehler
Kepçe kulaklarımız çınlasın yeter

Yalnızlar çekilsin kendi denizine
Güneşli bir sabahı iple çeksin
Bu gece çabuk bitti içki
Bu karanlık da çabuk bitsin

DRINK

They don't want liqueur, wine, vodka, gin

They don't know any other drink than raki

Wheat is plenty, barley is plenty here

There are nice beers from yellow to black

You will drink with ones who have words to say

They know how to speak and to shut up

They don't go into a coma and go to hospital

They don't mumble and always repeat the things

Let's drink friends, let's drink for joy

Again you drink raki and I drink beer

We are away, glasses can't tingle

It's enough if resonate our long ears

Singles may withdraw to their own sea

They may look forward to a sunny day

This night the drink finished quickly

I wish this darkness finishes quickly, too.

UYKU

Ormanın kokusu başımı döndürdü
Yoruldum ağaçtan ağaca koşmaktan
Sarhoş eden havası çarptı baharın
Yatağa kendimi paraşütle bıraktım

Odalar sıkıcı, yataklar dar
Dışarda yaşam, dışarda aşk var
El etti güneş gel dedi hemen
Yerinden oynamadı bacaklar

Miskince uyumak istemedi canım
Biraz daha genel kültür kazanayım
Göğsüme düştü okuduğum kitap
Ne o kalktı ne de gözkapaklarım

Bir buçuk saatte üç düş gördüm
Birinde ömür boyu iktidarda kalmışım
Öbüründe hazinenin mallarını çalmışım
Üçüncüde köpeklerimle sarayda yaşamışım

SLEEP

The scent of forest made me feel dizzy

I was tired of running from a tree to another

The intoxicant air of the Spring struck me

I dropped myself into bed with a parachute

Rooms are very boring, beds are narrow

Life is outside, love is outside

The sun waved to me saying "come at once"

But my legs didn't move at all

I didn't want to sleep lazily, idly

I wanted to gain some general education

The book I was reading fell down to my chest

Neither it nor my eyelids went upwards

I had three dreams in three hours

In first, I stayed in power all my life long

In second, I stole the goods from the treasure house

In third, I lived in a huge palace with my dogs.

YAVRUM

Binlerce sabahım binlerce akşamım
Geceleri yıldızımdı uykusunda öptüğüm
Onsuz doğan güneş yalnızca içimi yakıyor
Yatağında yok yavrum, nerede yatıyor

Canlı bir bedenim şimdi cansız yaşayan
Canımdan yarattığım canımı yitirdim
Ecel gelsin de kurtarsın beni bu acıdan
Karnımda yaşattığım yavrumu yitirdim

Yok dediğim hiçbir şey bu kadar yoktu
Kaç ölüme eşittir gözlerinin yokluğu
Her yerde arıyorum, her dakika, her saat
Elimden kaydı yavrum, elimden kaydı hayat

Bir daha duyamayacağım anne dediğini
Dünyanın ve dünyamın en tatlı sesinden
Ne güzel yaşıyorduk ne diye öldün
Yavrum benim sessizliğe mi gömüldün

MY DAUGHTER

Thousands of my mornings, of my evenings

She was my star that I kissed while sleeping

The sun arising without her burns my heart

She is not in her bed, where is my daughter sleeping

Now, I'm a living body living without soul

I lost my soul that I created from my body

Let death come and save me from this pain

I lost my child that I gave life in me

What I called as absent was not so absent

Absence of her eyes equals many many deaths

I look for her everywhere, every hour, every minute

She slipped through my life, my life slipped off me

I won't be able to hear she says "mummy"

From the sweetest voice of the world, of my world

How happily we were living, why did you die

Oh my baby, were you buried in a silence?

KARANLIK

Yanıyor kervansarayın ışıkları tüm görkemiyle
Ama yolu çok karanlık, zifiri karanlık

İnleyen bir ses var ağaçların arasında
Geçit vermiyor çalılar nasıl gideyim
Ne gökyüzü görünüyor ne yeryüzü
Ormanda ölen var orman çok karanlık

Görebildiğin sürece ayı ve yıldızları
Karanlık sayılmaz gecenin karanlığı
Tepede parlak ışık avluda koca lambalar
Bu dört duvar bu zindan daha karanlık

Çocuksu gülüşlere çekilmiş perde
Bu karanlık dışarıda değil içeride
Yağmurun dört mevsim yağdığı yerde
Susuzluğa mahkum olmuş insanlık

DARKNESS

The lights of caravansarai shining with all splendour

But the way of it is very dark, as dark as pitch

There is a wailing sound among the trees

How can I go there? Bushes don't let me

Neither sky nor the earth can be seen

Something is dying in the forest, forest is too dark

As long as you can see the moon and stars

The darkness of the night can't be said so dark

A bright light at top and big lamps at dooryard

These four walls, this dungeon are darker than all

A curtain is drawn in front of childish smiles

This darkness is not outside, it is inside

Humanity has been obliged to live without water

In a place where the rains fall in four seasons

Suçlular iktidarda yalan hükmünü sürüyor

Biz sustukça korkunun karanlığı büyüyor

Kimsede vicdan kalmamış herkes izliyor

Demir gibi taş gibi insanlar içerde çürüyor

Criminals are in power, lies reign the country

Darkness of fear is growing, while we keep quiet

Nobody has consciense, everybody is watching

People like iron, like stone are perishing in jails

KIRIK

Gönlüm düştü uğradım geçerken
Yüreğin kilitliydi ya da bana açmadın
Çiçeklerle geldim şiirle döndüm
Kapına kilidi kırık bir kalp bıraktım

Senin varlığınla coştum taştım
Sen beni önemi yoklara saydın
Ardından koştum yolumu şaştım
Erenlerden cayıp kırıklara karıştım

Ne oldu bize böyle demeye
Biz gerekti bir tek ben vardım
Okulum oldun sınavlar koydun
Aşkından kırık aldım ihmale kaldım

Gel zaman git zaman bitti zaman
Soruluktan bile çıktı "ne zaman?"
Sen uçtun gittin ölçüsüz bir uzaklığa
Ben kanadı kırık bir kuş gibi bakakaldım

BROKEN

I fell in love while I was passing by

Either your heart was locked or you didn't open

I arrived with flowers and returned with a poem

I left at your door a heart whose lock is broken

I was flooded and spilled over with your presence

But you counted me on the side of the unimportant

I ran after you but lost my way

I left the saints and mixed with broken ones

We are the ones needed to say

What happened to us, but there was only me

You became my school and put exams on me

I got broken marks from your love, I failed

Then time passed by and by, and finished

Even "When?" went out of being a question

You flew away and disappeared to an endless distance

I just watched like a broken winged bird

SABAHTIR

Sabahtır, yalnızlık açar kapıyı

Günaydın demekle aydınlanmaz gün
Bugün de çekilecek çileler vardır
Nereye gitse yüzü güler acaba
Mutluluk onun gittiği yerde midir?

Yalandır, birçok yanlışı barındırır
Kimine bolluk kimine yokluk yaşatır
Aldatan aldatır aldanan aldandıkça
Herkesin yolu gidebildiği kadardır

Zulümdür, göz göre göre yapılır
Acımasız ve utanmazdır kalabalık
Puştlar devriye gezer hayatımızda
Akşam karanlığı kötülüğe çalışır

Ayıptır, acısıyla bırakmak çaresizi
Yaslanacak ağacı çoktan çürümüş
Tutunacak dalları hiç kalmamıştır
İçine döner, içine oturur acısı

Gecedir, yalnızlık örter kapıyı

IT IS THE MORNING

It is the morning, the loneliness opens the door

The day won't become good by saying good morning

There are sufferings to be lived today as well

I wonder where to go for his face to smile

Is the happiness there where he goes?

It is the lie, it includes lots of false beliefs

That make some people live abundance some poverty

Cheater will cheat as long as cheated is cheated

The path of everyone is as long as one can go

The cruelty is done in such an open manner

The crowds are so cruel and so shameless

The bastards are patrolling in our lives

The darkness of the night works for evil actions

It is shame to leave the helpless with their pains

The tree to lean on is already rotten

No branches have been left to hold

And retreat back to inner-self, the pain sits within

It is the night, the loneliness closes the door

ŞİİR-ŞAİR

Şiir bir uyku hapı değildir

Yatmadan önce yutulacak

O bir isyana teşvik suçudur

Günde üç öğün işlenecek

Alkışlamasanız da olur şairi

Alçakgönüllüdür istemez

Beğenmeseniz bile olur

O bulur değeceği yüreği

Şiir yalancı değil hayalcidir

Ama yalancılar şair olabilir

Dize tırtıklayıp imge araklayıp

Hayranların hayallerini çalabilir

Aslolan şiir yazmak değil

Yazdığın gibi yaşamaktır

Onur yalnızca bir ad değil

Ozana vurulan bir damgadır

POEM-POET

Poem is not a sleeping tablet

That will be taken before going to bed

It is a sedition crime

That will be committed 3 times a day

You don't need to applaud the poet

He is honest, he doesn't like it

It is okay even you don't like him

He can find the heart that is touchable

Poem is not liar, it is imaginative

But liars can be poet

By nicking lines, by pinching imagery

They can steal the dreams of fans

The main thing is not to write poems

But it is to live as you write

Honour is not only a word

But it is a stamp printed on a poet

DİNSİ SAPIK KOCAYA ŞİİR

Leblebi tozu gibi üfle beni

Şekersiz sakız gibi şişirip patlat

Minareden at tutmayı unut

Suya götür donsuz getir beni

Çok pisliğim herkese kötüle beni

Katli vaciptir de bu günahkarın

Kanımı iç sana helal olsun

Yeter ki ortada bırakma cesedimi

Kurbanın olayım sen kes beni

Kılıfına uydur cinayet süsü ver

Orda bir köy var oraya göm beni

Toprağım bol olsun ışık istemez

Siyonist akbabaları yaklaştırma yanıma

Yerse müslüman karıncalar yesin beni

Öldüm ulan öldüm elleme artık

Çürüyen memelerimden çek ellerini

A POEM FOR RELIGIOUSLY PERVERT HUSBAND

Blow me like roasted chickpea powder

Fill and blow me up like a non-sugary bubble gum

Throw me down from a minaret, forget to catch me

Take me to water, bring me back without under pant

I am so dirty, talk me bad to everyone

Say that it is incumbent to kill this sinful

Drink my blood, let it be good for you

Just don't leave my corpse in the middle of nowhere

I beg you that you slaughter me

Make it fit as if it is a murder

There is a village over there, bury me there

Let my soil be abundant, I don't want any light

Do not let zionist vultures get closer to me

If I will be eaten, let the muslim ants eat me

Hey! I'm dead now, I'm dead, don't touch me

Take away your hands from my decaying nipples

NE GARİP

İnançlıyım diye övünüp duran dindar
Kutsal saydığı kitabı okumaz, ne garip
Sonsuz uzayı yarattığı söylenen bir tanrı
Ama onun yok bir yaratanı, ne garip

Saçlarını kat kat kapatmayı seçen kadın
Kendi cehennemini kendi örüyor, ne garip
Her fırsatta karısını aldatan adam
Onu kıskançlıktan öldürüyor, ne garip

Zalimlerin yakasına yapışacak elleriyle
İşkence ediyor din kardeşine, ne garip
Bağımsız yargı, ileri demokrasi, hep laf
Yargıçlar diktatöre kulluk ediyor, ne garip

Halkın can ve mal güvenliğinden sorumlu
Huzuru sağlayacağına bozuyor, ne garip
Milletin adamıyım diyor millet aç sefil
O sarayda saltanat sürüyor, ne garip

HOW STRANGE !

The religious who keeps being proud of his faith

Doesn't read the book perceived as holly, how strange!

A god which supposed to created the infinite cosmos

But there is no creator for it, how strange!

The woman who chooses to cover her hair layer by layer

Knitting her hell by herself, how strange!

The man who is infidel to his wife many times

Killing her for being jealous of her, how strange!

Torturing his own religious brothers with his hands

Rather than call the oppressors to account, how strange!

Independent judiciary, advanced democracy, all in words

The judges are being slaves of tyrants, how strange!

He is responsible for the safety of the people

Rather than creating the peace ruining it, how strange!

Calling himself as the man of people, but people are miserable

He rules a luxurious life style in his palace, how strange!

MAZLUM

Zalimler ordusunu kurmuş
Soluk aldırmıyorlar mazluma
Sabrın da bir sınırı var ama
Yeter basmayın damarına

Hep mazlum mu yenilecek
Boynu bükük duracak mı böyle
Onun da beklediği gün gelecek
Islık çalıp şarkısını söyleyecek

Yıkılacak haramilerin sarayları
Tek tek düşecek tüm kaleleri
Kurtaramayacak onları yalanları
Verecekler hesabını bu cinnetin

Sana sözü olsun kalbimin
Çarptığı sürece çarpışacak
Nefretle yıktıkları insanlığı
Sevgisiyle yeniden kuracak

THE OPPRESSED

The opressors formed their army

Not letting the oppressed to breathe

But even the patience has a limit

Enough! Don't push the boundaries

Will the oppressed be always defeated?

Will they stay so destitude forever?

The day they are waiting for will come

They will whistle and sing their songs

The palaces of the robbers will be demolished

And their castles will be conquered one by one

Their lies won't be able to rescue them

They will pay for their lunacies

Let it be the promise of my heart to you

It will fight back as long as it pulsates

It will reestablish back with its love

The humanity that was destroyed by their hatred

KIŞ

Kar yağdı sevgilere

Rüzgar anıları götürdü

Yağmur sildi geçmişi

Soğukta dondu kalpler

Baharı çaldı zaman

Kış sofraya oturdu

Şansı olan garibanlar

Sıcak yuvasını kurdu

Salıncakta sallanıyor ömür

Hepinizden geçtim diyor

Uyku değil karabasan

Geceleri dar ediyor

Her yer soğuk her yer acı

Özlemler çığ altında

Umut verenler yalancı

Kan damlıyor kar üstüne

THE WINTER

It snowed on loves

The wind took memories away

The rain cleaned the past

In cold froze the hearts

The time stole the spring

The winter sat down to table

The poors who have chance

Settled down their homes

Life is swinging on the swing

It says "I don't mind you at all"

This is not sleep but nightmare

It makes the nights unbearable

Everywhere is cold, everywhere is pain

Longings are under the avalanche

Those giving hope are liars

Blood is dropping on snow...

YARALI

Hüznünü göğsüne takmış
Yanında taşıyor madalya gibi
Gülümseyişlere uzak kalmış
Kahkaha atmaya çok mesafeli

Hicrana düşmüş yüreğiyle
Acıyla sarmaş dolaş zavallı
Umutsuz bekleyişler içinde
Öyle sessizce duruyor yaralı

Üzüntü keder hepsi yerinde
Allah başka dertler vermesin
Görmüş göreceği tüm felaketleri
Kalbini kıranlar gün yüzü görmesin

Düşmanla bir olmuş kendi kardeşi
Yıkımın en kötüsü yakından geleni
Yalnızca yaralı değil bahtı da karalı
Zalime kanan ana babaya ne demeli

INJURED

His melancholy hangs on his chest

He carries it like a medal

Has been away from smilings

Very distant to burst into laughter

With his heart fallen in grief

In a close embrace with pain, poor man

Within waitings without hope

Standing so silently, injured man

Sadness, sorrow, all are complete

God may not give other troubles

He has seen all disasters one can see

Those who broke his heart may not be happy

His own brother is together with enemy

The worst of misfortune comes from dears

He is not only injured but also unlucky

What can be said to parents believing in tyrants

GENÇLİK

Az mı papaz olmadık
Ucuz bira içmek için
Ekmek yerine
Manastırlarda

Az mı rezil olmadık
Alkol boyumuzu aşınca
Sokaklarda, parklarda
Düşsel gençlik çağında

Az mı çulsuz olmadık
Cep delik cepken delik
Tatil paramızı bile
Arkadaşlardan alırdık

Az mı aşık olmadık
Beklerken istasyonlarda
Ama kısa sürerdi serüven
Ve onu alır giderdi bir tren

YOUTH

We became priest many times

In order to drink cheap beer

Instead of bread

In monasteries

We have been shameful so much

When alcohol overreached us

In streets, in parks

In age of romantic youth

We have been poor always

Nothing in pocket, nothing in wallet

We borrowed from friends

Even our holiday budget

We have fallen in love a lot

While waiting at stations

But the adventure lasted shortly

And a train took her away

DEVRİMCİ

Gençken bulaşmış kıyısından
Belli ki aidiyet duygusundan
Kendi aralarında koşturuyorlar
Sözde herkes devrimci

Rüzgara göre ayarlı
Her yöne gider kıvamında
Halk düşmanlarıyla kol kola
Dönek olmuş devrimci

Çağdaş yaşamdan yana
Mutluluk huzur peşinde
Paraya para demiyor
Yolunu bulmuş devrimci

Baskı korku işlemez
Özgürlük onun derdi
Sokakta, sürgünde, hapiste
İnatla direniyor devrimci

REVOLUTIONARY

Involved in it from a side, when they were young

It is clear that because of feeling of belonging

They are rushing among themselves

Supposedly, everybody is revolutionary

Adjustable according to wind

In a manner that can go everywhere

Arm in arm with the public enemies

He has been a fickle, revolutionary

He is after a modern life

Seeks peace and happiness

He makes money, quite a lot

He found his bearings, revolutionary

He never minds pressure or fear

His only thought is freedom

In streets, in exile, in jails

Resisting obstinately, revolutionary

OKUMAYACAK OLANA ŞIIRLER

Celal Kabadayı

Poems in turkish language

Edition vonRoth

Preis: 6,99 Eur

ISBN 9783749430284